Grandes Découvertes | numéro 8

VASCO DE GAMA

ET L'OUVERTURE DE LA ROUTE DES INDES

Les prémices de l'Empire colonial portugais

par Thomas Melchers

50MINUTES

Avec la collaboration de Ludivine Péchoux

VASCO DE GAMA 5

Les données-clés

Introduction

BIOGRAPHIE 7

Au service de la couronne portugaise

En route vers l'Asie

La dernière expédition

CONTEXTE POLITIQUE, SOCIAL ET ÉCONOMIQUE 9

L'Europe à la conquête du monde

Les expéditions portugaises en mer

À la découverte de l'Inde

LES EXPÉDITIONS 13

Le premier voyage (1497-1499)

Le second voyage (1502-1503)

Le dernier voyage (1524)

RÉPERCUSSIONS 20

Une nouvelle organisation commerciale

De nouveaux rapports de force en Méditerranée

La christianisation de l'Inde

Une nouvelle connaissance du monde

EN RÉSUMÉ 23

POUR ALLER PLUS LOIN 26

VASCO DE GAMA

LES DONNÉES-CLÉS

- **Naissance ?** En 1460 ou en 1469 à Sines (Portugal)
- **Mort ?** En 1524 à Cochin (Inde)
- **But de l'expédition ?** La découverte d'une route maritime vers l'Inde et la recherche d'épices
- **Régions du monde explorées ?**
  - Premier voyage (1497-1499) : l'Afrique du Sud, le Mozambique, le Kenya, la Somalie et l'Inde
  - Second voyage (1502-1503) : le Mozambique, le Kenya et l'Inde
  - Troisième voyage (1524) : l'Inde
- **Apport important ?** Établissement d'une route maritime directe depuis l'Europe vers l'Inde et l'Asie en contournant l'Afrique

INTRODUCTION

Vasco de Gama est, avec Christophe Colomb (navigateur génois, 1450/1451-1506) et Magellan (navigateur portugais, 1480-1521), l'un des plus célèbres explorateurs européens de son temps. Né dans les années 1460, ce navigateur portugais ouvre pour la première fois une route maritime directe liant l'Europe à l'Asie. Après avoir contourné le continent africain, il atteint la côte occidentale de l'Inde à la fin du xvᵉ siècle, ce qui aura d'importantes conséquences pour le commerce d'épices. En effet, jusqu'à la chute de Constantinople en 1453, les produits exotiques, tels que la soie et certaines denrées alimentaires, sont acheminés en Europe par les républiques maritimes italiennes qui commercent avec les marchands arabes. Mais la croissance de l'Empire ottoman et l'augmentation des taxes sur les échanges mettent peu à peu à mal ce commerce, poussant les États européens à s'approvisionner en épices directement à leur source.

C'est dans ce contexte que Vasco de Gama entreprend ses trois voyages vers l'Asie et l'Inde par voie maritime avec des motivations diverses et variées, telles que notamment l'exploration, la défense des intérêts portugais et l'administration de l'Inde portugaise. Non sans heurts, il parvient à jeter les fondements de l'Empire colonial portugais grâce à l'établissement de plusieurs comptoirs commerciaux.

BIOGRAPHIE

AU SERVICE DE LA COURONNE PORTUGAISE

Vasco de Gama est né en 1460 ou en 1469 au sud-ouest du Portugal, dans une petite ville côtière dénommée Sines. Ses parents, Estevao da Gama et Isabel de Sodre, sont issus d'une ancienne famille de la basse noblesse portugaise et ont quatre enfants, trois fils et une fille.

Au moment de débuter ses études, Gama quitte sa ville natale pour Évora (sud du Portugal). Devenu un jeune homme, il sert les intérêts de la couronne portugaise et participe à plusieurs conflits en Afrique du Nord. En 1492, il commande une petite expédition navale et est choisi cinq ans plus tard pour établir la première route commerciale vers les Indes. Il est difficile de savoir précisément quelles ont été les raisons qui ont motivé sa nomination à un tel poste au vu du peu d'informations qui nous sont parvenues sur sa jeunesse.

EN ROUTE VERS L'ASIE

En 1497, Vasco de Gama quitte Lisbonne pour établir une route vers les Indes. Il lui faudra 11 mois pour contourner l'Afrique et arriver, en mai 1498, au sud de la péninsule indienne. À Calicut, il rencontre le Samorin Samutiri Manavikraman, le chef local et maître du commerce des épices, avec qui il entretient des relations assez conflictuelles. Malgré les tensions, le navigateur parvient à emporter une grande quantité d'épices et de pierres précieuses dans ses cales, et rallie Lisbonne en 1499, devenant ainsi le premier navigateur à relier l'Europe au sous-continent indien par voie maritime. Fort de ce succès, il reçoit le titre d'amiral des Indes.

En 1502, le roi du Portugal, Manuel Ier (1469-1521), confie à Vasco de Gama une nouvelle mission : il s'agit cette fois d'évincer la concurrence des marchands musulmans, de faire céder le Samorin de Calicut et de réaliser des alliances avec les cités rivales. C'est donc dans une véritable conquête que se lance l'explorateur. Pour y arriver, Gama n'hésite pas à utiliser la force, ce qui lui portera préjudice. Il tombe alors en disgrâce et se retire avec les siens dans le nord de l'Alentejo (Portugal).

LA DERNIÈRE EXPÉDITION

Il faut attendre l'année 1524 pour qu'il mène une nouvelle expédition vers l'Inde. Ayant retrouvé les faveurs du roi du Portugal, Vasco de Gama est nommé vice-roi de l'Inde portugaise où il doit restaurer les intérêts de la Couronne, éradiquer la corruption et protéger les comptoirs commerciaux qui s'y trouvent. Mais la mort emporte l'explorateur trois mois plus tard, alors que les réformes de l'Inde portugaise sont en cours, empêchant ainsi ses adversaires de fomenter un quelconque renversement.

Peu de temps après son décès, il devient une figure historique incontournable du Portugal, grâce notamment aux nombreux auteurs qui ont vanté ses prouesses, comme le poète Luís Camões (1525-1580).

CONTEXTE POLITIQUE, SOCIAL ET ÉCONOMIQUE

L'EUROPE À LA CONQUÊTE DU MONDE

La seconde moitié du XVe siècle constitue pour l'Europe une période de mutations importantes. Ce sont des changements d'ordre géopolitique, auxquels s'ajoutent des besoins économiques, qui lancent plusieurs États du Vieux Continent sur l'océan Atlantique à la recherche de nouvelles routes maritimes et des richesses dont regorgent les autres nations. Mais l'élément déclencheur de cette expansion européenne n'est autre que la chute de Constantinople en 1453. Cette année-là, Mehmed II (sultan ottoman, 1432-1481) s'empare de Constantinople et précipite ainsi la fin de l'Empire byzantin, héritier de l'Empire romain d'Orient. Si les conséquences de la chute de la ville ne sont pas perceptibles directement pour le reste de l'Europe, elles n'en sont pas moins importantes. Les produits exotiques (soie, colorants, épices, etc.) provenant de l'océan Indien sont en effet exportés par les marchands arabes dans les ports de la Méditerranée orientale et dans les comptoirs italiens. Mais avec la croissance de l'Empire ottoman, les taxes sur ces produits sont de plus en plus élevées, poussant certains pays européens à mener des expéditions afin de court-circuiter les intermédiaires arabes.

LES ÉPICES

L'une des principales motivations des expéditions portugaises est l'acquisition d'épices. Connus depuis l'Antiquité, la cannelle, le gingembre, la noix de muscade, la cardamome, le clou de girofle ou encore le poivre noir sont considérés à l'époque comme des produits de luxe. Utilisées dans l'alimentation afin de camoufler le goût des viandes mal conservées et plus encore en médecine pour la fabrication de remèdes, les épices possèdent une valeur inestimable pour tout État qui en fait son commerce.

Mais ce ne sont pas les épices qui constituent le motif premier des explorations maritimes entreprises par les Portugais. À l'instar de la plupart des États européens du XVe siècle, le Portugal souffre d'un déficit en métaux précieux. L'argent extrait des mines d'Europe centrale et l'or provenant de Guinée ne suffisent plus à combler les besoins liés à l'essor démographique, les échanges commerciaux ou encore les besoins militaires grandissants. Le Portugal doit dès lors trouver une nouvelle source d'approvisionnement en métaux précieux et se lance donc à la conquête des côtes de Guinée pour se pouvoir directement en or.

LES EXPÉDITIONS PORTUGAISES EN MER

Si les Portugais se sont rapidement lancés dans des explorations maritimes, ouvrant ainsi l'ère des grandes découvertes, c'est notamment grâce à leur situation géographique. En effet, côtoyer l'océan Atlantique permet aux marins d'acquérir une grande expérience de la navigation. Or, à l'époque, s'aventurer sur les mers est une entreprise redoutée par les Européens. Malgré les craintes et autres superstitions qui entourent les expéditions maritimes, les marins portugais se lancent sur les mers afin de repousser les frontières du monde connu.

À partir de 1420, le second fils du roi Jean Ier (1357-1433), le prince Henri du Portugal (1394-1460), surnommé le Navigateur, finance de nombreuses missions d'exploration des côtes africaines. Agissant comme mécène, il souhaite atteindre les régions aurifères du golfe de Guinée. Mais les navires qu'il finance n'iront pas au-delà du Cap-Vert, atteint en 1445. Son décès, 15 ans plus tard, provoque un ralentissement des recherches durant plusieurs années. Ce n'est qu'en 1475 que l'Équateur est enfin atteint. Mais il faut encore attendre l'intronisation du roi Jean II (1455-1495) en 1481 pour assister à un retour des explorations, qui constituent désormais une véritable priorité pour la Couronne. C'est sous son règne que l'embouchure du Congo et les côtes de Namibie sont explorées entre 1483 et 1486 et que, trois ans plus tard, Bartolomeu Dias (1450-1500) double le cap des Tempêtes, qui sera renommé cap de Bonne-Espérance.

Mais toutes ces découvertes n'auraient pas été possibles sans les nombreux progrès en navigation survenus ces dernières années. Des innovations comme le gouvernail d'étambot, la boussole, le portulan, la voile latine triangulaire ou encore l'astrolabe, ont bouleversé la navigation et ont influencé les navigateurs portugais. C'est ainsi qu'ils mettent au point la caravelle entre 1420 et 1440. Muni d'une voile triangulaire et d'un gouvernail d'étambot, ce vaisseau de petite taille peut embarquer jusqu'à 150 tonneaux. Sa grande maniabilité et sa capacité à naviguer par tous les vents en font le navire de prédilection pour contourner l'Afrique et atteindre l'Inde.

À LA DÉCOUVERTE DE L'INDE

À la fin du XVe siècle, la plupart des connaissances de l'Asie en Europe proviennent des écrits de Marco Polo (1254-1324), célèbre marchand vénitien qui a suivi la route de la soie jusqu'en Chine. C'est grâce à son récit que les Européens prennent connaissance de l'existence de la mystérieuse Cathay (nom donné à la Chine du Nord) et de Cipango (Japon), suscitant leur curiosité. L'Inde, quant à elle, est connue des Européens depuis l'Antiquité grâce aux conquêtes d'Alexandre le Grand (356-323 av. J.-C.). Toutefois, la localisation exacte de ces territoires leur échappe totalement.

Lorsque Vasco de Gama pénètre dans l'océan Indien, c'est une partie inconnue du monde qui s'offre aux Européens, où ils pensent trouver de nombreux chrétiens. Mais sur place, ils sont confrontés à une toute autre réalité : les musulmans sont beaucoup plus nombreux que prévu. Tous leurs espoirs se cristallisent alors autour du mythique royaume du prêtre Jean que beaucoup imaginent se trouver en Éthiopie. En s'alliant avec ce royaume, les chrétiens espèrent prendre à revers le monde musulman.

LES EXPÉDITIONS

LE PREMIER VOYAGE (1497-1499)

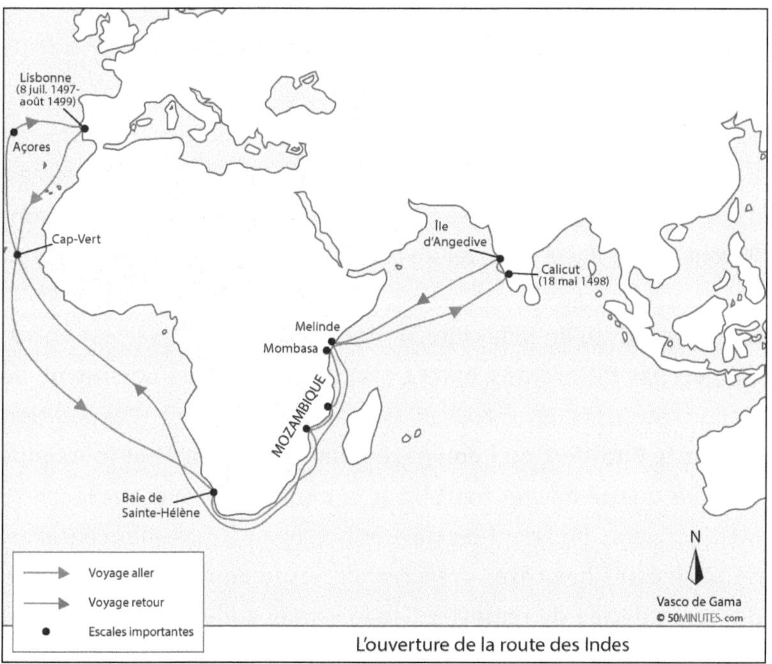

L'ouverture de la route des Indes

En 1497, le roi du Portugal, Manuel Ier, choisit Vasco de Gama pour prendre la tête d'une expédition dont l'objectif est d'établir une route maritime liant le Portugal à l'Inde. Alors que les objectifs que doit atteindre l'expédition sont d'une importance capitale, nul ne sait pourquoi la mission est confiée à un navigateur jusqu'alors peu connu.

Le 8 juillet 1497, Vasco de Gama quitte l'estuaire du Tage à la tête de quatre navires. L'expédition financée par la Couronne se compose de trois caravelles et d'un bateau de ravitaillement :

- le *São Gabriel*, commandé par Vasco de Gama ;
- le *São Rafael*, commandé par Paulo de Gama (mort en 1499), le frère de Vasco ;
- le *Bérrio*, commandé par Nicolau Coelho (mort en 1504) ;

Lorsque les quatre navires appareillent, ils comptent à leur bord environ 160 hommes, quelques pièces d'artillerie et des échantillons d'épices, d'or et de perles, nécessaires pour que les autochtones qu'ils rencontreront puissent leur indiquer les lieux où ils pourraient se les procurer.

Le voyage jusqu'en Inde dure 11 mois, mais la traversée est entrecoupée par différentes haltes afin de réparer les navires et de s'approvisionner en vivres et en eau. Le 27 juillet, l'expédition atteint le Cap-Vert où l'équipage peut se reposer. Huit jours plus tard, les quatre navires mettent le cap sur le sud-ouest et la haute mer. Les vents poussent les navires portugais à quelques centaines de kilomètres des côtes brésiliennes, jusqu'au moment où Vasco de Gama décide de remettre le cap vers le sud-est. Il rompt ainsi avec l'itinéraire suivi quelques années auparavant par le navigateur Bartolomeu Dias qui, pour atteindre le cap de Bonne-Espérance, avait longé les côtes africaines. Le trajet emprunté par Gama consiste à s'appuyer sur des vents présents dans l'océan Atlantique, les alizés.

L'IMPORTANCE DES ALIZÉS

Les alizés sont des vents présents dans la partie nord et sud de l'Atlantique. Sans comprendre les raisons de leur présence, les Portugais vont suivre leur circulation. Lorsque Vasco de Gama comprend que les alizés soufflent du sud-est vers le nord-ouest dans l'hémisphère sud, il décide d'éviter les vents contraires en s'éloignant de la côte africaine et de naviguer vers l'ouest.

Après trois mois de navigation en haute mer sans apercevoir un seul rivage, les navires accostent le 8 novembre dans la baie de Sainte-Hélène située au nord du cap de Bonne-Espérance. Ce dernier est franchi le 22 novembre. Peu de temps après, le bateau de ravitaillement est brûlé au large de l'Afrique du Sud et les vivres restants sont répartis entre les trois caravelles, qui peuvent maintenant entamer leur remontée vers l'Inde. En route, l'équipage s'arrête à deux reprises au niveau du Mozambique, où il rencontre pour la première fois des locaux, les Bantous. Ces escales sont également l'occasion de remplir les cales d'eau fraîche et de fruits afin de lutter contre le scorbut qui fait des ravages auprès des marins. Lors des trois mois de traversées restants, Vasco de Gama atteint successivement Mombasa (port du Kenya), au mois d'avril, où l'équipage reçoit un accueil hostile et ensuite Melinde (Malindi, ville du Kenya) où l'hospitalité est davantage de mise. Le capitaine accueille à son bord un pilote gujarati dont les précieuses connaissances permettent de guider les trois navires au milieu des îles et récifs jusqu'à la côte de Malabar. Le 18 mai 1498, l'expédition atteint enfin Calicut.

Durant trois mois, les caravelles portugaises restent au large de Calicut, une cité hindoue où gravitent de nombreux marchands musulmans. Mais Vasco de Gama est très méfiant suite à l'accueil parfois glacial qu'il a reçu de la population locale. La situation ne s'améliore guère puisque les marchands musulmans, qui voient d'un mauvais œil l'arrivée des Portugais sur leur lieu de commerce, les font passer pour des corsaires barbares auprès du chef local, le Samorin Samutiri Manavikraman. Il faut donc attendre que les tensions s'amenuisent pour que des membres de l'équipage puissent mettre pied à terre. Ceux-ci parviennent toutefois à remplir les cales de produits exotiques et de perles. Mais la situation se dégrade encore lorsque Vasco de Gama fait part au Samorin de son désir de laisser plusieurs hommes à Calicut. Mais ce n'est rien comparé à la tension qui règne lorsque chaque camp effectue des prises d'otages afin de faire pression sur ses adversaires. Les caravelles prennent finalement la fuite le 29 août.

Il faut trois semaines pour que l'expédition atteigne l'île d'Angedive (mer d'Arabie), où l'équipage fait une halte avant d'entamer le chemin du retour vers l'Europe. Mais la suite du voyage ne s'annonce pas de tout repos. En effet, la descente vers le cap de Bonne-Espérance est l'une des parties les plus pénibles du voyage, et l'équipage, décimé par le scorbut, est contraint d'abandonner le *São Rafael* par manque de bras. Le cap est doublé le 20 mars 1499, et le 10 juillet Nicolau Coelho arrive le premier au Portugal. De son côté, Vasco de Gama a dû s'arrêter aux Açores afin de soigner son frère souffrant, mais en vain. Il ne rentrera qu'à la fin du mois d'août.

LE SECOND VOYAGE (1502-1503)

En 1502, Manuel Ier choisit à nouveau Vasco de Gama pour entamer une nouvelle expédition vers l'océan Indien et l'Inde. Cette fois, l'objectif est tout autre : il s'agira de soumettre, de gré ou de force, les rois africains et le Samorin de Calicut.

Le 10 février 1502, 20 navires partent en direction de l'Afrique. Là-bas, Vasco de Gama doit employer la force pour soumettre le roi de Quiloa (aujourd'hui l'île de Kilwa Kisiwani en Tanzanie), qui devient le premier à verser un tribut à la couronne portugaise, tandis que celui de Melinde accepte avec plus de facilité la proposition des Portugais.

La situation en Inde est tout autre. En effet, l'expédition dirigée par Cabral entre 1500 et 1501 a dû faire face à de nombreuses attaques de la part de Calicut, dont la prise de son comptoir par des marchands musulmans. L'expédition vers l'Inde prend ainsi davantage la forme d'une mission punitive contre Calicut et les marchands musulmans.

Avant d'atteindre la côte de Malabar, le ton de l'expédition est déjà donné : il faudra se montrer impitoyable. Alors, lorsqu'ils interceptent, au mois de septembre, un navire musulman revenant de La Mecque avec à son bord des pèlerins, leur cruauté s'exprime une première fois. Refusant les tributs proposés par les captifs en échange de leur vie, Gama ordonne de couler le navire avec ses passagers. Les atrocités ne s'arrêtent pas là. Au mois d'octobre 1502, les Portugais arrivent en Inde, et la cité de Calicut subit leurs foudres en représailles de la destruction du comptoir installé en 1500 par Cabral et de la mise à mort de ses 50 membres. Faute de dédommagement de la part du Samorin, une cinquantaine de pêcheurs indiens sont capturés, torturés et ensuite pendus devant la ville. Après cela, Calicut essuie les tirs de l'artillerie portugaise et perd de nombreux brahmanes, des religieux hindous appartenant à la caste la plus élevée, eux aussi pendus par les Portugais.

L'équipage se rend ensuite aux abords de Cochin et de Cannanore (respectivement au sud et au nord de Calicut), où la fin du voyage s'annonce plus paisible. En effet, désireuses de se soustraire de la tutelle du Samorin, ces deux cités indiennes ont noué des liens précieux avec Cabral lors de son premier voyage. Profitant de ces relations favorables, Vasco de Gama décide d'y fonder un second comptoir commercial ou *feitoria*, qu'il établit à Cochin. La ville devient alors la plaque tournante des expéditions portugaises jusqu'à ce que soit fondé le comptoir de Goa. Malgré un retour triomphant au Portugal avec 1 600 tonnes d'épices, Vasco de Gama est écarté de l'entreprise coloniale à cause de la cruauté déployée au cours de l'expédition.

LE DERNIER VOYAGE (1524)

Une vingtaine d'années après le second voyage de Vasco de Gama, l'Empire portugais s'est considérablement développé dans l'océan Indien : de nombreuses *feitorias* ont été construites et le Portugal contrôle désormais les routes maritimes les plus importantes du commerce d'épices, à l'exception de la mer Rouge.

En 1523, Gama est rappelé à la Cour par le successeur de Manuel Ier, le roi Jean III (1502-1557), alors que d'autres États commencent à mettre à mal les intérêts portugais dans cette partie du monde. En effet, le premier tour du monde effectué par les Espagnols marque leur arrivée aux Moluques, des îles riches en clous de girofle et en noix de muscade et où les Portugais sont présents depuis les années 1510. À cela s'ajoute l'incompétence du gouverneur portugais, Duarte de Menezes (vers 1488-vers 1539), dans la gestion de l'*Estadio da*

Índia. La corruption est alors omniprésente dans l'empire. Tous ces éléments encouragent Jean III à nommer Vasco de Gama vice-roi et à l'envoyer une nouvelle fois en Asie.

Ce dernier appareille en avril 1524 à la tête d'une flotte de 14 navires et arrive en septembre à Goa, devenue capitale de l'empire en Orient. Une fois sur place, il nomme de nouveaux responsables, dont ses deux fils, aux postes clés de l'administration. Mais trois mois après son arrivée, il contracte la malaria et décède le jour de Noël sans avoir pu réformer l'administration.

UNE NOUVELLE ORGANISATION COMMERCIALE

Après leur implantation en Asie, l'organisation commerciale portugaise se met peu à peu en place. Celle-ci repose sur trois éléments :

- les *feitorias* sont les comptoirs commerciaux implantés sur les pourtours de l'océan Indien, du Mozambique jusqu'aux Moluques. Ils servent de centres d'achat des produits exotiques. C'est donc là que viennent s'approvisionner les navires avant de retourner à Lisbonne ;
- la *Casa da Índia* est le centre de réception des produits envoyés depuis l'Asie. Son rôle est de contrôler l'ensemble du commerce, c'est-à-dire les importations et les exportations, la vérification des marchandises et leur répartition ;
- la *feitoria* d'Anvers est le dernier échelon de l'organisation commerciale. La cité des Flandres est l'un des grands centres financiers de l'époque et un grand nombre de marchandises y sont acheminées afin d'y trouver des acheteurs. En échange de ces marchandises exotiques, les navires rapportent des produits nécessaires à leur société comme des céréales, du textile, des métaux et des monnaies.

DE NOUVEAUX RAPPORTS DE FORCE EN MÉDITERRANÉE

Les événements qui ont eu lieu lors des premières expéditions portugaises en Asie ont un impact direct dans le monde musulman. En Méditerranée orientale, les hostilités entre les nations chrétiennes et l'Empire ottoman sont ravivées, et le sultan des Mamelouks d'Égypte menace le Portugal de représailles si les hostilités persistent sur la côte de Malabar. Face à ces tensions grandissantes, Manuel Ier décide d'accroître sa présence dans l'océan Indien en y envoyant un vice-roi ou un gouverneur, et de bâtir des forteresses dans des endroits clés afin de garantir le commerce et d'évincer la concurrence musulmane. De cette politique de défense découle l'expansion portugaise en Asie, la création des différents comptoirs commerciaux et la mainmise sur les principaux itinéraires menant aux épices. Vasco de Gama est donc à l'origine du processus de colonisation en Asie qui ne prendra fin qu'au XXe siècle.

La supplantation d'une grande partie des marchands musulmans dans l'océan Indien par les Portugais a des répercussions indirectes sur la santé commerciale de Venise. En effet, son commerce repose essentiellement sur les épices acheminées depuis l'Orient par des marchands musulmans. Évincée de ce commerce lucratif, à l'exception de quelques flux provenant de la mer Rouge, restée hors du contrôle des Portugais, la cité maritime voit les revenus de son commerce décliner. Elle n'en récupèrera l'usufruit qu'à la fin du siècle.

LA CHRISTIANISATION DE L'INDE

Peu après l'établissement des premiers comptoirs commerciaux, ce sont les ordres mendiants de l'Église catholique qui débarquent en Inde. Franciscains, dominicains, augustins et jésuites ont pour mission d'évangéliser les populations locales, un devoir que la couronne portugaise doit accomplir auprès de l'Église mais qui est délégué à ses ordres religieux. Le plus actif d'entre eux est la compagnie de Jésus, représentée notamment à partir de 1548 par saint François Xavier (1506-1552). Surnommé « l'apôtre des Indes », ce dernier est considéré comme le grand missionnaire jésuite en Asie ne cessant, jusqu'à sa mort, de prêcher l'évangile dans diverses régions comme le Japon, la Chine et l'Inde.

Dès la seconde moitié du siècle, Goa devient la place névralgique du catholicisme en y abritant les édifices religieux des quatre ordres. Qualifiée de « Rome de l'Orient », elle devient le centre du premier archevêché créé en Asie.

UNE NOUVELLE CONNAISSANCE DU MONDE

Rapidement après avoir établi la route maritime menant à l'océan Indien, les Portugais découvrent le Brésil (1500) et commencent à explorer le Japon au XVIe siècle. Afin de poursuivre leur exploration de cette partie du monde, les Portugais ressentent le besoin d'obtenir de nouveaux outils pour rendre leur expédition plus aisée. Dès lors, les cartographes décident de placer sur des cartes les nouvelles découvertes portugaises. Le meilleur exemple est le *Planisphère de Cantino* (1502) qui synthétise les connaissances acquises lors des premiers voyages effectués vers l'Orient : le Brésil, l'ensemble du continent africain, l'Inde et l'Insulinde y sont donc représentés. Affichée dans la *Casa da Mina da Índia* à Lisbonne, cette carte, d'une valeur inestimable pour l'époque, est copiée par un espion italien et ensuite amenée en Italie où elle fournit des connaissances précieuses sur l'état du monde.

1460-1469	Naissance de Vasco de Gama
8 juil. 1497	Départ de la première expédition
1498	Vasco de Gama débarque à Calicut
Juil.-août 1499	Retour de la première expédition
1502	Vasco de Gama s'implante en Afrique et en Inde
1503	Vasco de Gama est écarté de l'entreprise coloniale
1510	Début de l'évangélisation des populations locales
1524	Dernier voyage de Vasco de Gama
1524	Mort de Vasco de Gama

- Vasco de Gama naît entre 1460 et 1469 à Sines, au Portugal.
- En 1497, il est choisi par la couronne portugaise pour prendre la tête d'une expédition dont le but est de découvrir une route maritime menant aux Indes.
- Le 8 juillet, il quitte l'estuaire du Tage avec quatre navires. Il contourne l'Afrique, atteint le cap de Bonne-Espérance et remonte ensuite la côte orientale de l'Afrique. L'expédition atteint différentes cités-États qui montrent parfois une certaine hostilité à l'égard des voyageurs. L'équipage atteint finalement Calicut

en mai 1498. Si les relations avec le chef local sont tendues, ils obtiennent toutefois les épices convoitées, mais ne rencontrent pas les chrétiens espérés.

- Son entreprise ayant été un grand succès, il est à nouveau choisi par le roi pour mener une nouvelle expédition avec cette fois l'objectif d'étendre la domination portugaise à Calicut.

- Parti le 10 février 1502, il parvient à s'implanter en Afrique orientale ainsi qu'en Inde et à évincer une partie de la concurrence des marchands musulmans. N'ayant pas hésité à utiliser la force pour y parvenir, Vasco de Gama tombe en disgrâce et ne réapparaît à la Cour qu'à la fin des années 1510.

- Son troisième voyage en Inde vise à défendre les intérêts de la Couronne. Nommé vice-roi, il reçoit la mission de mettre un terme à la corruption et de protéger les comptoirs commerciaux. Les réformes mises en place suscitent en effet auprès des colons un vif mécontentement qu'il faut faire cesser.

- Trois mois après son arrivée, Vasco de Gama décède à Cochin après avoir contracté la malaria.

- Fondé sur les principes de la thalassocratie, l'*Estado da Índia* se construit sur les pourtours de l'océan Indien avec des comptoirs commerciaux et des forts. Ne pouvant rivaliser avec le déploiement des Portugais, les musulmans sont peu à peu évincés du commerce des épices.

- L'arrivée des Portugais en Asie bouleverse la situation géopolitique de cette partie du monde. Certains États ou cités-États africains et asiatiques voient une opportunité dans le fait de s'allier avec eux pour prendre le dessus dans leurs revendications au niveau local ou, au contraire, pour tenter de porter atteinte aux intérêts portugais.

- Cette voie maritime ouvre également la porte aux missions d'évangélisation entreprises par les différents ordres religieux de l'Église chrétienne. À partir de 1510, des missionnaires arrivent en Asie afin d'évangéliser les populations locales. Goa devient, au milieu du XVIe siècle, un archevêché où se concentrent les quatre ordres religieux.

POUR ALLER PLUS LOIN

SOURCES BIBLIOGRAPHIQUES

- ASTIER (Alexandre), *Histoire de l'Inde*, Paris, Eyrolles, 2010.
- DIDIER (Hugues), *Découvertes de l'Inde : de Vasco de Gama à Lord Mountbatten*, Paris, Kailash Éditions, 2005.
- DISNEY (Anthony R.), *A History of Portugal and the Portuguese Empire. From Beginnings to 1807*, Cambridge, Cambridge University Press, 2009.
- ELBI (Martin) et ELBI (Ivana), « Vasco Da Gama », in *World Exploration*, vol. 1, Oxford, Oxford University Press, 2007, p. 341-342.
- FRITZE (Ronald H.), « Gama, Vasco Da », in *The Renaissance & Early Modern Era. 1454-1600*, t. 1, Salem Press, 2005, p. 365-368.
- GRIMBLI (Shona), *Atlas of Exploration*, Londres, Fitzroy Dearborn Publishers, 2001.
- LABOURDETTE (Jean-François), *Histoire du Portugal*, Paris, Fayard, 2000.
- VIRMANI (Arundhati), *Atlas historique de l'Inde*, Paris, Autrement, 2012.

LITTÉRATURE

- CAMÕES (Luís), *Os Lusíadas*, 1572.

DOCUMENTAIRE

- *Dans le sillage de Vasco de Gama*, documentaire d'Alain Dayan, France, 2004.

50MINUTES

www.50minutes.com

Éditeur responsable : Lemaitre Publishing
Rue Lemaitre 4 | BE-5000 Namur
info@lemaitre-editions.com

ISBN ebook : 978-2-8062-5462-7
ISBN papier : 978-2-8062-5640-9
Dépôt légal : D/2014/12603/64
Photo de couverture : réputée libre de droits.

Conception numérique : Primento,
le partenaire numérique des éditeurs